"HALLO ZWEIBEINER"

Rena Henke

Rena Henke

"HALLO ZWEIBEINER"

Kleiner Wolf erzählt aus seinem Leben

Shaker Media

Bibliografische Information der Deutschen Nationalbibliothek
Die Deutsche Nationalbibliothek verzeichnet diese Publikation in der Deutschen Nationalbibliografie; detaillierte bibliografische Daten sind im Internet über http://dnb.d-nb.de abrufbar.

Foto Rena Henke von Rita Helmholtz

Printed in Germany.

ISBN 978-3-95631-570-1

Shaker Media GmbH • Postfach 101818 • 52018 Aachen
Telefon: 02407 / 95964 - 0 • Telefax: 02407 / 95964 - 9
Internet: www.shaker-media.de • E-Mail: info@shaker-media.de

Ich beschäftige mich seit meinem Studium in Kiel mit Wölfen, den wohl faszinierendsten Lebewesen unter den Hundeartigen. In diesen rund 50 Jahren sind mir drei „Wolfsmenschen" begegnet, die mir faszinierende Einblicke in das Verhalten des Stammvaters aller unserer Haushunde geschenkt haben: Erik Zimen, der mit Wölfen heulte, Werner Freund, der mit Wölfen lebte und Rena Henke, mit der die Wölfe sprechen. Ich habe lange gebraucht, um die Gebärdensprache und das Verhalten von Wölfen zu verstehen und interpretieren zu können. Rena Henke beherrschte dies nach erstaunlich kurzer Zeit mit unseren Wölfen im Wingster Zoo und nicht nur das, sie wurde und wird von den Wölfen verstanden. Die Tiere „antworten" ihr und das ist für mich eine wunderbare Symbiose einer Mensch-Tier-Beziehung. So ist ihre Geschichte kein „Märchen" sondern die Niederschrift dieser ganz besonderen Verbindung zweier Erdenbewohner. Es füllt mich mit Freude und Stolz, dass diese Begegnungen in „meinem" Wingster Zoo mit „meinen" Wölfen stattgefunden haben.

Dr. Rüdiger Wandrey

Zoodirektor i.R.

Die Fotos entstanden im Wolfswald Zoo in der Wingst. Herzlichen Dank an Zoodirektor Dr. Pierre Grothmann für die Genehmigung der Veröffentlichung.

Fotos: Rena Henke Vicky Haucke (1)

Kleiner Wolf

Hallo Zweibeiner,

bestimmt sagt ihr: „Wie niedlich!“ oder „Ist der süß, der kleine Wolf“, wenn ihr mein Bild hier seht. Aber was ist dann in einem Jahr? Dann bin ich ein starker großer Wolf, und dann habt ihr plötzlich Angst vor mir und wollt mich weghaben? Ich sag euch mal was … wir Wolfskinder sind genauso neugierig wie eure Menschenkinder, wir erforschen unsere Welt und gucken uns alles an. Ihr bekommt Angst, weil wir uns so oft zeigen? Aber ihr seid so viele! Überall laufen Zweibeiner herum. Wir können euch ja kaum aus dem Weg gehen.

Möchtet ihr mich und meine Familie kennen lernen, ihr kleinen Zweibeiner, und auch ihr großen? Dann erzähle ich euch was von mir … ich heiße Kleiner Wolf. Ich lebe mit meiner Familie zusammen in einem großen Revier. Zu meinem Rudel gehören meine Eltern, zwei Onkel, zwei Schwestern und ein Bruder. Und ich! Ich bin der Jüngste. Meine Eltern sorgen gut für mich, sie geben mir Futter und zeigen mir alles, was ich wissen muss, und wenn ich was falsch mache, gibt’s Gemecker. So wie heute … da war ich ein bisschen frech, und deshalb soll ich nun in der Höhle bleiben und einen Aufsatz schreiben. Meine Mama sagte: „Erzähl den Zweibeinern von uns, vor allem, erzähl es den kleinen Zweibeinern, sie werden dich verstehen.“

Also, einer meiner Onkel passt auf mich auf, wenn Mama und Papa unterwegs sind, und meine Geschwister spielen mit mir. Wir Wölfe jagen niemals so viel, dass unser Lieblingsessen knapp wird, wir töten nicht, weil es uns Spaß macht, sondern weil wir nun mal von Gemüse nicht leben können. Wir jagen kranke und schwache Tiere, denn dann bleiben die anderen stark und gesund. Wenn uns andere Rudel zu nahe kommen, klären meine Eltern das deutlich, aber friedlich. Wir führen keine Kriege und wir zerstören nicht die Welt, in der wir leben. Wir Wolfskinder werden nicht vernachlässigt, wir sind gut behütet und hören auf unsere Eltern. Sagt mir, Zweibeiner, was ist an uns so schlimm, dass ihr uns nicht haben wollt, dass ihr uns jagen wollt? Was gibt euch das Recht dazu?

So, ich hoffe, Mama und Papa sind zufrieden mit mir. Ihr könnt meinen Brief ja auch den Zweibeinern zeigen, die uns nun so gar nicht mögen.Oh, ich bin hungrig! Die Reste vom Frühstück, die teile ich mit meiner Schwester. Bis bald!

Ich bin der einzige Welpe im Rudel

Meine Ohren hören alles!

Hallo Zweibeiner,

ja, genau, Kleiner Wolf hat wieder was verbockt und muss zur Strafe einen Aufsatz schreiben – uuhhh, ich mag das nicht! Aber wenn die Eltern es sagen, dann ist es so. Was ich für Mist gebaut habe? Ach, eigentlich find ich das nicht schlimm, aber wenn es für meine Familie schlecht ist, dann war's natürlich Mist. Da, wo wir leben, da sind ganz schön viele von euch Zweibeinern, und ich bin da mal einigen hinterhergegangen. Die sind dann stehen geblieben und haben sich zu mir umgedreht und versucht zu heulen. Wisst ihr, so „Aaahuuuuu". Da musste ich so lachen und bin ein bisschen näher gegangen, ich war halt neugierig. Das soll ich aber nicht, weil ein paar andere von euch sonst denken, ich will euch was tun. Will ich ja gar nicht! Besser wäre, ihr würdet dann einfach laut in die Hände klatschen oder so, damit ich mich erschrecke und weglaufe. Dann weiß ich, dass ich nicht näher kommen soll. Und sucht uns besser nicht, sonst kommt ja alles durcheinander.

Und ich habe noch etwas Lustiges beobachtet. Eure Mäulchen, die sind ja ganz schön klein, deshalb muss da wohl so oft Futter rein. Jedenfalls stecken sich einige von euch oft mit einer Pfote etwas Kleines in ihr Maul. Da wollte ich mal gucken, was ihr da so fresst. Hm, davon kenne ich nichts. Aber es ist praktisch, dass ihr wohl immer irgendwelches Futter bei euch haben könnt. Wenn wir morgens aufwachen, dann knurrt uns der Magen, uns Kindern ganz doll, und da müssen unsere Jäger dann erst mal los. Sie möchten genau wie ihr, dass ihre Kinder satt sind, und dann nehmen sie die erste Beute, die sie kriegen können. Ist ja klar, oder? Wir möchten nicht, dass ihr denkt, wir sind böse und wollen euch was wegnehmen. Aber wenn ihr die Vierbeiner, die zu euch gehören, nicht richtig beschützt, dann denken wir, sie sind freie Beute.

Mensch Wolf, das ist vielleicht schwierig, immer diese Aufsätze. Hoffentlich sind meine Eltern damit zufrieden, dann darf ich nämlich heute Nachmittag alleine auf Streifzug! Bis bald!

Wölfe müssen wachsam sein

Meiner Schwester erzähle ich alles

Hallo Zweibeiner,

jetzt denkt ihr bestimmt: So viel kann so ein kleines Wölfchen doch gar nicht ausfressen, dass es immerzu Strafarbeiten schreiben muss. Ja, das stimmt! Nun sind es nämlich keine Strafarbeiten mehr! Meine Mutter sagt: „Mein Junges, die Zweibeiner mögen deine Aufsätze, ich habe gehört, wie sie mit schöner Sprache darüber reden. Du kannst das gut, mein Kleiner, für uns sprechen, für deine Familie. Also, wenn du möchtest … bist du jetzt unsere Stimme."

Ja, auch wenn meine Pfote wehtut vom vielen Schreiben – wenn es für meine große Familie gut ist, dann ist es auch für mich gut. Also dann erzähle ich euch wieder ein bisschen von uns. Geschimpft haben sie nämlich doch wieder mit mir: Neulich bin ich auf so einem harten schmalen Pfad herumgerannt, wo immer eure lauten schnellen Höhlen drauf flitzen, in denen ihr sitzt. Warum ich da gerannt bin? Na, weil ich unsere Beute gesehen habe … nein, zuerst habe ich sie gehört, diese Tiere. Sie haben eine witzige Sprache, sagen dauernd „Mäh". Sie steckten in so einer großen Kiste, die war an die schnelle Blechhöhle drangehängt. Die Kiste war halb offen, da konnten unsere Beutetiere rausgucken, und ich habe sie gehört, die haben laut gerufen. Das waren die mit dem dicken weichen Fell, wisst ihr? Ich dachte, ich könnte eins von ihnen fangen für meine Familie, dann wären bestimmt alle stolz auf mich. Aber ich war nicht schnell genug, und beinahe hätte mich dann so eine andere kleine Kiste mit einem Zweibein drin überfahren, ich konnte gerade noch zur Seite springen. Da haben meine Eltern mit mir geschimpft.

Sie sagen, als wir Wölfe noch in ganz großen Wäldern lebten, da wussten wir alles, was wir für unser Leben wissen mussten. Da gab es diese harten Pfade noch nicht. Wir sind ja noch neu hier in der Gegend. Mein Vater kam als junger Wolf von ganz weit her gewandert und traf hier meine Mutter. Sie blieben hier in der Gegend, aber es ist keine einsame Gegend. Die großen Höhlen der Zweibeiner stehen überall herum und da müssen wir jetzt erst mal ganz viel Neues lernen. Unsere Eltern müssen da ganz, ganz wachsam sein und doll auf uns aufpassen. Seht ihr, Zweibeiner, ein Wölfchen kann so viel falsch machen. Braucht ihr eigentlich so viele von diesen schnellen Kisten, die so wehtun können?

Heute wollen alle ruhen

Dann lege ich mich auch hin

Hallo Zweibeiner,

heute bin ich ein trauriger kleiner Wolf. Nein, nicht weil ich schreiben soll, das mache ich ja jetzt freiwillig. Ich hab auch nichts verbockt, ähm, verwolft, aber, ach, mir ist so langweilig! Die Sonne scheint ganz warm. Meine Eltern haben heute schon ganz früh so ein braunes Tier gejagt, das konnte nicht mehr schnell laufen, weil es verletzt war. Da hatten wir ordentlich was zu fressen. Und nun sind sie alle satt und liegen in der Sonne rum und tun so, als würden sie schlafen. Das stimmt aber nicht. Mindestens ein Onkel oder auch Papa passt immer auf. Woher ich das weiß? Ich sehe das an ihren Ohren! Selbst wenn es so aussieht, als würde Papa schlafen: wenn seine Ohren sich bewegen, dann ist er wach und hört alles, auch jede kleine Gefahr. Ja, warum bin ich denn nun traurig … ach, wisst ihr, ich habe eben gar keine gleichaltrigen Geschwister, ich bin ganz alleine als kleiner Wolf, ich war der einzige Welpe meiner Mama.

Ich hab drei Geschwister, einen Bruder und zwei Schwestern, die sind aber schon zwei Sommer älter als ich. Doch, die spielen auch mit mir und machen Quatsch oder sie passen mal auf mich auf und zeigen mir was, was ich lernen muss. Wie Wolf sich eine Höhle buddelt und wie man durch einen kleinen Fluss kommt oder wie man sich ganz leise an Beute heranschleicht. Aber heute wollen sie alle nix mit mir zu tun haben, da kann ich sie zwicken und bitten und betteln, wie ich will. Alle wollen ihre Ruhe und knurren mich weg. Und immer nur mit Ästen zu spielen oder alleine zu buddeln, och nein, das macht doch auch nicht immer Spaß!

Ich habe meine Mutter mal gefragt, warum ich denn so ein einzelnes Wölfchen bin. Sie hat es mir erklärt, ungefähr so: Sie sagte, sie bekommt eben nur so viele Welpen, dass der Platz und das Futter da, wo unsere Familie lebt, für alle reicht. „Aber kannst du das denn bestimmen, Mama, wie viele Wölfchen du kriegst?“, hab ich sie gefragt.

Da hat sie ein bisschen ihren Kopf schief gelegt, mich ganz lieb angeguckt und gesagt: „Nein, mein Kleiner, das bestimmt jemand anders für uns.“ „Wer denn?“, wollte ich wissen. Aber das hat sie mir nicht verraten. Wisst ihr was? Ich leg mich jetzt in die Sonne und denk drüber nach. Bis bald!

Ich krabbele aus meiner Babyhöhle

Meine Mama begrüßt mich

Hallo Zweibeiner,

guckt doch mal, wie klein ich mal war! Ganz winzig! Jetzt bin ich ja schon ein richtiger Wolf! Ja, ich weiß das noch … es war warm und dunkel in meiner Höhle unter der Baumwurzel. Kommt ihr eigentlich auch in einer Höhle zur Welt, ihr kleinen Zweibeiner? Meine Mama kam, um mir Milch zu geben, und dann war ich satt und hab geschlafen. Das war sooo schön. Aber dann hatte ich plötzlich so große Lust, rauszugehen, da waren so spannende Geräusche oben, über der Erde! Meine Familie war da und andere Tiere, oh, da wollte ich auf einmal so dolle hin! Also hab ich mich auf den Weg gemacht … bloß … der war so steil! Und die Erde so locker! Ich bin da immer wieder hinten runtergerutscht und habe auch rumgefiept, aber es kam niemand, um mir zu helfen.

Da habe ich das gelernt, was ein Wolf nie wieder vergessen darf: nicht aufgeben! Und ich hab's geschafft! Die Kraft in meinem kleinen Körper hat gereicht, mich da hochzuziehen, und dann war ich oben am Rand und Mama kam und sagte: „Was willst du denn schon hier oben, mein Kleiner?" Ich war so stolz! Ich durfte auch oben bleiben. Aber heute, da hab ich mich freiwillig in meine Babyhöhle verkrümelt. Warum? Oh, es ging heute wölfisch hoch her bei uns. Mein großer Bruder, der hat sich ganz bedrohlich vor unseren Vater gestellt und geknurrt: „Vater, du wirst alt … ich sollte jetzt Familienoberhaupt werden, ich habe mehr Kraft als du."

Oi-joi-joi, da flogen vielleicht die Fellfetzen! Mein Vater hat ihn abgewatscht und ganz klar gesagt und gezeigt, wer der Stärkere ist. Mein Bruder ist klug, er hat verstanden, dass es noch nicht die Zeit für ihn ist, unser Anführer zu sein. Er hat dann unserem Vater Respekt gezeigt. Oh, das machen wir alle! Wir jungen Wölfe, wir gehen nie einfach so an einem alten Wolf vorbei. Mal ducken wir uns ein bisschen oder grüßen höflich mit einem kleinen Küsschen. Wir anderen waren alle ganz aufgeregt, und ich bin schnell in meine Höhle … hier hocke ich nun und warte, was passiert … ich schätze mal, mein Bruder bleibt bei uns und löst irgendwann unseren Vater ab. Oder er wird gehen und sich eine eigene Familie und ein Revier suchen. Machen das eure großen Kinder nicht auch so? Ach Zweibeiner, es ist so aufregend heute, da hab ich ganz vergessen, was ich euch heute eigentlich erzählen wollte. Bis bald!

Ich bewundere ihn

Das ist Onkel Ymir

Hallo Zweibeiner,

nun stellt mal eure Ohren auf, ich muss euch ganz dringend was erzählen. Gestern Abend hab ich gehört, wie die Erwachsenen sich unterhalten haben. Dicht an unseren Jagdgründen dran ist ein kleineres Revier, da leben auch Wölfe, aber die können nicht raus, da ist so was Hohes drum herum, da können sie nicht drüber springen. Oh, die tun mir so leid! Ja, das ist, damit ihr uns angucken könnt und seht, was wir so machen und wie wir aussehen. Und damit ihr uns dann vielleicht ein bisschen lieber leiden mögt. Die können dort nicht wegrennen, unsere Verwandten, wenn sie Zweibeiner sehen, so, wie die meisten von uns das tun. Auch meine Eltern sagen mir ja, dass ich nicht hingehen darf, wenn ich ein Zweibein sehe. Weil sie dann Angst bekommen. Dabei tu ich euch doch gar nichts! Aber da soll es nun extra so sein, dass Zweibeiner hingehen und sich Wölfe anschauen! Also, mir würde das nicht gefallen.

So ein paar ganz wichtige Zweibeiner, sagt mein Onkel Ymir, solche, die selber ein Rudel von Zweibeinern anführen wollen, die sollen von uns Wölfen lernen, wie das geht. Sie werden zu der eingesperrten Wolfsfamilie gebracht und sollen sich da abgucken, wie die es machen, dass einer der Stärkste ist und immer das Beste für seine Familie entscheidet und dass Frieden herrscht und alle an ihrem richtigen Platz sind und sich nur ganz selten mal darüber beklagen. Ich musste so lachen, dass ich einen Schluckauf kriegte, aber ich weiß, dass mein Onkel keine Späße macht. Öh, der ist immer sooo ernst und versteht nicht viel Spaß. Schaut mal, das ist er. Ja, so ernst guckt er immer, als hätte er große Sorgen. Er läuft auch ganz viel herum und passt gut auf unser Revier auf. Das ist wichtig! Er übernimmt eine große Aufgabe für unsere Familie, weil er der beste Beobachter ist. Jeder Wolf tut bei uns das, was er am besten kann. Nur für Späße ist Onkel Ymir nicht so zu haben. Aber ich mag ihn gerne!

Aber … Zweibeiner … wenn ihr von uns etwas lernen könnt, dann müsstet ihr uns doch eigentlich gerne mögen … wisst ihr denn wirklich nicht selber, wie das geht? Erzählen euch eure Eltern denn nicht, wie man ein guter Anführer wird? Mir tut schon der Kopf weh vom vielen Denken, ich kleines Wölfchen mache jetzt erst mal meinen Mittagsschlaf … bis bald!

Wir Wölfe lieben Schnee

Wir frieren auch nicht

Hallo Zweibeiner,

jetzt müsst ihr euch wieder ein Extra-Fell umhängen, nicht? Uii, ich bin froh, dass ich mein eigenes Winterfell habe, die hübsche weiße Flockendecke liegt auf der Erde und es ist schön kalt. Wir mögen das, wir Wölfe. Ich tobe dann auch gerne rum, das darf ich ja auch, aber meine Eltern sagen, ich soll aufpassen, dass ich nicht meine ganze Kraft wegspiele. Denn wenn wir wegen irgendwas mal schnell wegrennen müssen, wegen einer Gefahr, dann brauche ich viel Kraft, also muss ich immer ein wenig davon aufsparen.

Wenn ich das so sage ... meine Eltern „sagen" mir dies und das ... Ihr müsst nicht denken, dass sie ständig auf mich einreden. Eigentlich gucke ich nur genau zu, was die Erwachsenen machen, und das mache ich dann auch. Die wissen ja, was gut ist! Ach, da fällt mir ein, ich habe euch doch erzählt von unseren Brüdern und Schwestern, den Wölfen, die in einem Revier mit Zaun drum herum leben müssen, ja? Ich geh da manchmal hin und luscher durch die Büsche. Und da hab ich gesehen, da gehen auch oft ganz viele von euch kleinen Zweibein-Welpen hin, zusammen mit einem oder zwei erwachsenen Zweibeinern. Und da tun mir meine Verwandten dann ganz doll leid, weil die Kinder nämlich meinen, sie müssten ganz laut heulen, damit die Wölfe sie verstehen. Dabei tut es doch nur den Wolfsohren weh! Ganz doll weh!

Also, das versteh ich nicht. Erzählen denn eure Erwachsenen euch Kindern nichts über uns? Dass wir hundertmal feiner hören können als ihr? Doch, echt, ich kann einen Regenwurm aus der Erde kriechen hören, und ich höre ein Reh atmen, auch wenn es ganz weit weg ist. Liebe Zweibeiner, es ist schon so viel Krach in eurer Welt, dieses Gedröhne, das eure Blechkisten machen, und die Dinger in der Luft, ach, überhaupt alles. Wir klagen nicht darüber, aber schön wäre es, wenn es mal still wäre. Wie gut, dass unsere Ohren so fein sind, sonst könnten wir ja in all dem Lärm gar nicht unsere Beute finden.

Ach so, ja, jetzt fragt ihr natürlich, warum wir denn so laut heulen! Das tun wir nicht, um uns zu Hause miteinander zu unterhalten, sondern mit dem Heulen rufen wir Verwandte, die weit weg sind. Oder ein Wolf, der sich ein bisschen verirrt hat, so ein kleiner Wolf wie ich vielleicht, der heult dann, und seine Familie antwortet ihm. Dann weiß er wieder den Weg nach Hause. Auch wenn er ganz weit weg ist.

Aber wenn ihr mit uns reden wollt, dann könnt ihr gerne ganz leise flüstern, das verstehen wir. Und denkt mal, ich kann weglaufen, wenn es zu laut wird, aber die eingesperrten Wölfe nicht ... So, jetzt suche ich mir ein ruhiges Plätzchen und spare meine Kraft ... bis bald!

Onkel Wilmo war blind

Hallo Zweibeiner,

bestimmt wartet ihr schon darauf, dass ich euch wieder etwas erzähle. Also, mir geht es gut! Ich wachse und finde, ich bin schon ganz schön groß, und manchmal nehmen mich die Erwachsenen schon mit auf die Jagd. Aber da gucke ich dann eher zu, als dass ich mich auf Beute stürze, das soll ich noch nicht.

Von meinem Onkel Wilmo wollte ich euch erzählen.

Er ist nun tot. Einfach gestorben. Er war schon ganz alt. Zehn Jahre. Das ist für ein Zweibeinerleben nicht viel, aber ein Wolf hat dann einfach zu Ende gelebt. Als er merkte, dass seine Kraft nicht mehr zum Leben reichte, da hat er sich auf die Seite gelegt und gewartet, bis er nicht mehr atmen konnte. Onkel Wilmo war ja auch krank gewesen. Seine Augen waren krank, er konnte fast gar nichts sehen.

Da war sein Leben ganz schön anstrengend für ihn. Das Futter zu finden und nicht überall gegenzulaufen, das hat ihn viel Kraft gekostet. Es hat ihn ja niemand an die Pfote genommen und ihm gezeigt, wo was zu fressen lag. Nein, das ist bei uns nicht so. Aber wir haben ihm auch nichts weggefressen. Er konnte immer alles so langsam machen, wie er es konnte. Er musste natürlich auch nicht jagen. Aber trotzdem war er für meine Familie nicht nutzlos, sondern ganz wichtig.

Seine Aufgabe war, den anderen zu erlauben, dass sie ihn ab und zu ein bisschen rumscheuchten. Ja, wenn es mal nicht so viel Futter gab und alle deswegen schlechte Laune hatten, hm, ja, dann haben wir sie an Onkel Wilmo ausgelassen. Er tut euch jetzt bestimmt leid, oder? Aber er wusste, dass es wichtig war für die ganze Familie, denn anschließend waren wieder alle gut drauf, und sie haben ihm nie wehgetan. Und er konnte auf mich aufpassen! Wie das ging, wo er mich doch gar nicht sehen konnte? Er konnte umso schärfer hören und wusste ganz genau, ob Gefahr drohte und woher sie kam. Und knurren und sich zur Not wehren konnte er auch. Oh, er war klug, mein Onkel Wilmo. Mit mir war er auch ganz lieb und nett und er war sogar lustig.

Ich bin gewachsen!

Einmal, da rannte er mit seinem Kopf gegen einen Baum, da blieb er stehen, rieb sich mit einer Pfote die Stirn und sagte: „Oh, Mensch Wolf, das tut vielleicht weh." Da musste ich ein bisschen kichern, und das durfte ich auch. Als Onkel Wilmo sich zum Sterben hinlegte, da waren wir alle um ihn herum und haben ihm Lebewohl gesagt und uns von ihm verabschiedet. Das war traurig. Ich bin noch lange neben ihm liegen geblieben. Irgendwie war das auch schön. Bis bald!

Meine Schwester Aruna ist so hübsch!

Hallo Zweibeiner,

heute bin ich schon soo viel gelaufen und auch ein bisschen müde, aber ihr sollt doch einen Brief bekommen, meine kleinen Zweibein-Geschwister, auch wenn mir meine Pfote schon fast wehtut … was macht ihr eigentlich, wenn euch mal die kleinen Pfoten wehtun, oder der Kopf oder der Bauch?

Packen euch eure Eltern dann auch beiseite?

Ich habe mal ein Zweibein-Welpchen gesehen, das war an der Hand seiner Mama und hielt ein Pfötchen hoch und hat ganz laut geweint. Die Pfote war so mit einem weißen Blatt oder Fell umwickelt. Das schien schlimm wehzutun! Wieso war das Kleine denn nicht zu Hause? Oder geht ihr irgendwohin, wenn ihr verletzt seid? Also, bei uns ist das anders. Wo sollten wir auch hingehen? Unsere Beine, unsere Pfoten, die müssen für ein Leben lang halten, und stellt euch mal vor, wie wir immer über Stock und Stein rennen und springen müssen, tagein, tagaus. Da können wir gar nicht ständig aufpassen, wohin wir treten. Ja, da ist schnell mal ein Dorn oder so was in der Pfote. Ja, und was dann? Dann lassen die Ältesten uns zu Hause. Wir müssen dann nichts tun, nicht auf die Jagd gehen und so.

Wir bekommen Futter von den anderen gebracht und dürfen uns ausruhen. Ich zeige euch hier mal meine Schwester Aruna. Nicht wahr, die findet ihr jetzt bestimmt ganz, ganz hübsch? Sie ist wirklich auch super lieb mit mir. Sie hat immer Geduld und spielt von allen am meisten mit mir. Sie ist auch nie genervt von mir. Sie sieht aus, als bekommt sie nicht genug zu fressen, aber das stimmt nicht, sie ist einfach so dünn! Und trotzdem stark!

Aruna ist älter als ich, das habe ich euch erzählt. Sie könnte eigentlich schon losziehen und einen schicken Wolf suchen, so hübsch, wie sie ist, aber das möchte sie nicht. Sie hat uns alle so lieb, dass sie lieber bei uns bleibt. Oh, wie mich das freut! Sie mag mich so gerne! Wir Wölfe, wir kuscheln auch gerne, aber sicher! Und vor allem Aruna, mit der kann ich immer knuddeln.

Sie kümmert sich auch immer um unsere Wunden. Wenn ich mal an einem Ast hängenbleibe und ein bisschen blute, dann leckt sie es sauber. Und meistens heilt dann alles von selbst. Aber wenn nicht … dann müssen wir eben irgendwie klarkommen. Aber dafür, ihr lieben Kleinen, sind wir ja WÖLFE! Das geht schon! Bis bald!

Meine Mama

Hallo Zweibeiner,

da bin ich mal wieder. Ich hab euch lange nicht mehr geschrieben. Was soll ich euch auch schreiben, vielleicht wollt ihr ja auch gar nichts von uns wissen. Autsch, dafür gab‘s einen Rüffel von meiner großen Schwester. So redet man nicht, sagt sie. Ich bin ja nicht mehr so klein, sondern bald erwachsen. Aber sie bleibt noch oft bei mir, wenn die anderen losziehen, um für Nahrung zu sorgen.

Wisst ihr, unsere Mutter ist gestorben. Sie hatte sich ganz böse verletzt und konnte auf einem Bein gar nicht mehr laufen. Das hat ihr so furchtbar wehgetan. Erst konnte sie nicht mehr mit auf die Jagd, denn um Beutetiere zu kriegen, muss man schnell rennen können. Auf drei Beinen ist das ganz, ganz schwierig. Also blieb sie zu Hause und ruhte sich aus. Es wurde aber vom vielen Liegen nicht besser, ihr Bein. Sie wurde davon ganz schwach. Ich war so traurig. Sie war doch meine starke Mama, sie hatte doch nie was! Immer war sie die Stärkste in unserer Familie, irgendwie auch stärker als unser Vater. Wenn sie da so lag, hab ich sie manchmal angestupst, damit sie wieder aufsteht, aber sie hat mich weggeknurrt. Ihr Fell sah bald ganz strupselig aus und sie wurde immer dünner, weil sie nämlich auch nichts mehr fressen wollte. Natürlich haben wir ihr immer wieder die leckersten Bissen unserer Beute gegeben, aber sie mochte nichts.

Ich bin ja kein ganz kleiner Wolf mehr und ich verstehe schon ganz viel! Ich habe verstanden, dass sie wohl lieber gar nicht mehr leben mochte, als so schwach zu sein. Eines Tages ist sie nicht mehr aufgestanden und hat sich überhaupt nicht mehr bewegt. Alle standen wir um sie herum. Wir waren aufgeregt, wir wollten doch, dass sie bei uns bleibt! Eine ganze Nacht lang sind wir so bei ihr liegen geblieben, wir haben sie mit unseren Körpern gewärmt, unsere Mägen haben geknurrt, aber wir sind nicht aufgestanden.Ich habe sie ganz vorsichtig angestupst, ich wollte ihr sagen: „Mama, steh doch wieder auf!“

Aber am nächsten Morgen haben wir es alle gewusst. Unsere Mama war gestorben. Alle guckten wir dann unseren Vater an, er musste ja irgendwas sagen, was machen. Er nahm den Onkel und meinen Bruder mit auf die Jagd, und meine Schwestern blieben bei mir. So ist es nun immer noch. Alles ist anders ohne meine Mutter, aber wir sind weiter eine Familie und wir halten zusammen. Eine Weile bleibe ich noch bei ihnen, aber dann gehe ich wohl und gründe eine eigene Familie. Ach … was wollte ich euch eigentlich schreiben? Ich hab doch jetzt schon so viel geschrieben, dass mir wieder der Kopf wehtut. Vielleicht fällt es mir morgen wieder ein. Meine Schwestern und ich, wir sind gut verborgen. Kein Zweibein wird uns finden, also sucht uns bitte nicht. Bis bald!

Meine Schwester ruht sich aus

Schaut nur, wie groß ich schon bin

Hallo Zweibeiner,

heute bin ich knurrig. Ach, schon die ganze Zeit. Wenn meine Mama noch leben würde, hätte sie bestimmt eine Idee, was ich tun könnte. Mein Vater sagt nur: „Ist eben so, Kleiner.“ Ich bin nicht mehr klein! Sondern schon ein ausgewachsener Wolf. Aber alle halten mich zurück, wenn ich mal los will, auch meine Schwestern und mein Bruder. Na gut, der kommt manchmal mit, aber alleine darf ich gar nichts mehr, dann kann ich knurren, so viel ich will.

Ihr fragt, warum? Na, weil es immerzu kracht und knallt. Zweibeiner, welche von euch, die ziehen mit großen Ästen oder so was über die Felder und durch den Wald und scheuchen überall unsere Beutetiere auf, unser Futter! Und dann kommt ein Blitz aus ihren Knüppeln und sie fallen um, die Tiere. Manche leben dann sogar noch! Da könnten wir doch schnell hin, einmal kurz in die Kehle beißen, und wir hätten Nahrung. Aber nein … wir müssen aufpassen, dass sie uns nicht auch noch erwischen, die Zweibeiner, und müssen uns verstecken. Dabei knurrt mir doch der Magen! Ich möchte los und muss doch auch los, um jagen zu lernen! Wie ist das hier nur alles komisch! Sagt mal, ihr Zweibeiner, wofür braucht ihr denn so viele Rehe und Hasen? Ich sehe ja oft welche von euch, und ich weiß, dass ihr auch oft was zu essen in eure kleinen Mäuler tut. Das ist aber alles Mögliche, keine Rehe und Hasen. Werdet ihr denn nicht satt?

Es ist gar nicht so leicht für eine Wolfsfamilie, sich zu verstecken. Hier sind keine großen Wälder, in die wir uns zurückziehen können. Und auch die Felder sind kein gutes Versteck, und überall diese harten gefährlichen Pfade dazwischen!

Ich habe meinem Vater vorgeschlagen, wir könnten doch zusammen jagen gehen, ihr Zweibeiner und wir, ihr scheucht die Beute auf, wir töten sie, und dann teilen wir sie! Mein Vater ist ein sehr ernsthafter Wolf, aber da hat er doch seine Maulwinkel verzogen, ein bisschen, und gesagt: „Mein Sohn, die Zweibeiner sind nicht so. Sie teilen nicht.“ Und er hat mich ganz komisch angeguckt, ein bisschen so wie meine Mama früher.

Na ja, dann hocken wir hier eben rum, bis alles wieder still ist, und dann gucken unsere Jäger mal, was übrig ist. Was für ein doofer Sonntag.

Das ist meine Schwester Arpak

Hallo Zweibeiner,

streitet ihr euch eigentlich auch mal mit euren Geschwistern? Oder wenn ihr mit anderen kleinen Zweibeinern zusammenspielt? Ganz bestimmt tut ihr das. Meine Familie kennt ihr ja schon ganz gut, und ihr wisst, dass meine Schwester Aruna soo lieb ist. Aber die andere, sie heißt Arpak, puh, die nervt mich. Guckt sie euch nur an! Immer ist sie so streng, genau, wie sie guckt! Und sie hat überhaupt keine Geduld!

Seit unsere Mama nicht mehr da ist, tut sie so, als hätte sie nun was zu sagen. Immer will sie alles bestimmen! Mein Vater findet das auch nicht gut, er hat sie schon angeknurrt deswegen. Er hat jetzt zu bestimmen, niemand sonst. Und es kann ja nicht jeder von uns einfach machen, was er will. Arpak aber möchte das gerne. Wenn sie jetzt Lust hat zu jagen, dann geht sie einfach, ohne abzuwarten, ob sie gerade im Rudel eine Aufgabe hat.

Unser Vater tut alles, was er tun muss, seit seine Gefährtin, meine Mutter, nicht mehr lebt. Er beklagt sich nicht. Aber irgendwie scheint er mir nicht mehr so groß zu sein wie vorher. Er legt sich auch oft mal hin, als ob er müde sei. Vielleicht hat meine Mama auch von seiner Kraft etwas mitgenommen? Ich glaube, er ist traurig. Und es sieht nicht so aus, als würde er nach einer neuen Wölfin suchen. Aber er ist wachsam und greift ein, wenn wir Kinder mal streiten, vor allem, wenn Arpak so zetert.

Und mich behandelt sie wie ein Baby! Wie einen winzigen Welpen! Dabei bin ich doch bald erwachsen! Immerzu kommandiert sie mich herum, sagt mir, ich soll aufräumen oder Futterreste verbuddeln. Oder sie meckert, wenn ich so weit weggehe, dass sie mich nicht mehr sehen kann. Grrr … knurr … was bildet sie sich eigentlich ein? Sie denkt wohl, sie sei jetzt meine Mutter!? Nein, das wird sie niemals sein.

Wisst ihr was? Ich wünsche mir, dass sie weggeht. Soll sie doch ihre eigene Familie haben, dann kann sie ihre Welpen herumkommandieren. Jetzt muss ich mich erst mal schütteln. Bis bald!

Verwandte von uns im Wald

Hallo Zweibeiner,

heute klopft mein kleines wildes Wolfsherz wie wild. Mein Vater und Onkel Ymir haben uns allen etwas berichtet, das ganz schrecklich ist. Sie haben es von einem Wolfsrudel erfahren, das weiter weg lebt, aber ihr wisst ja, sieben, acht oder sogar zehn Kilometer weit können wir Wölfe uns gegenseitig hören und an unserem Heulen auch verstehen, was die anderen sagen wollen.

Es war so: Zweibeiner mit so einem Knüppel, aus dem Blitz kommt und ein großer Knall, die haben einen Welpen dieser Familie getötet. Einen, der nicht viel älter war als ich. Nein, wir haben den Schuss nicht gehört und es auch nicht gesehen, aber es ging ein langes Heulen von Familie zu Familie. Ich habe meinen Vater gefragt: „Was hat er denn ausgefressen oder aufgefressen, der große Welpe?" Sie haben mir erklärt, dass er eigentlich gar nichts gemacht hat, nur er hat sich nicht an das gehalten, was mir ja auch ständig beigebracht wird: bloß nicht zu nahe an die Zweibeiner herangehen. Er ist ein paar Schritte auf Zweibeiner zugegangen und hat sie angeschaut, ein andermal wollte er sie ein Stück des Weges begleiten.

Sie hatten Angst vor ihm. Stellt euch das vor! Erwachsene Zweibeiner hatten Angst vor einem jungen Wolf! Dabei hat er nichts gemacht! Er hat doch eigentlich nur „Hallo" gesagt. Er war neugierig, genau wie ich es bin. Er hatte nur niemanden mehr, der ihm gesagt hat: „Lass das, tu das nicht, es ist verboten, es schadet uns Wölfen." Er hatte sich nämlich schon auf den Weg gemacht, um sein eigenes Revier zu finden und vielleicht eine Familie zu gründen. Das war sehr mutig von ihm.

Das konnte er eigentlich gar nicht schaffen, ohne euch dabei zu begegnen. Ihr seid doch überall! Und ihr seid so viele, ihr Zweibeiner. Wir Wölfe können kaum unbemerkt leben. Aber wir gehören doch dazu, zur Erde, zur Natur, und wir können nahe bei euch leben. Ihr aber wohl nicht mit uns.

Ich habe meinen Vater gefragt, WARUM ihr denn solche Angst habt vor uns. Das wusste er auch nicht so genau. Ihr seid doch für uns keine Beute, wir interessieren uns doch gar nicht für euch. Ihr seid nun mal da, und wir sind nun mal auch da, und wir, die jungen Wölfe, sind manchmal ein bisschen neugierig. Wir gucken und schnuppern vielleicht mal kurz, wenn wir einen von euch sehen. Und dann ziehen wir weiter.

Mit ihm spiele ich manchmal

Die andere Familie zieht nun auch weiter. Sie wollen versuchen, eine Gegend zu finden, in der sie sich besser verstecken können. Meine Familie und ich sind ganz still. Onkel Ymir guckt noch besorgter als sonst. Und mein Vater? Der denkt nach und schickt meinen Bruder auf Futtersuche.

Und ich? Kleiner Wolf geht schlafen. Bis bald!

Mein Vater verliert sein Winterfell

Hallo Zweibeiner,

heute ist ein ganz besonderer Tag! Oh, Moment mal, ich muss schnell zu dem Baum da drüben, meine Schulter kratzen an einem Ast. Warum? Och, menno, mein Fell juckt so doll! Die Sonne scheint und es ist schon ganz schön warm. Da brauchen wir nun unser Winterfell nicht mehr. Es fällt nicht auf einmal ab, sondern in Büscheln, aber das meiste hängt noch ziemlich lange auf der Haut. Deshalb helfen wir da nach. Die liebe Schwester Aruna, die kommt manchmal ganz nah zu mir, dann schuppern wir uns gegenseitig das Fell, damit es nicht so juckt und das Winterfell abfällt. Darunter ist dann das Sommerfell schon fertig, das ist kurz und glatt und sehr schick.

Aber nicht deshalb ist dieser Tag ein besonderer, obwohl, na ja, es hängt damit zusammen! Also das war so: Die Vögel bauen ja jetzt im Frühling auch ihre Nester für ihre Jungen. Da nehmen sie gerne Haare von anderen Tieren, um die Nester so richtig schön warm und weich auszupolstern, damit die jungen Vögel es dann kuschelig haben. Eure Eltern bereiten euch Kindern ja auch ein kuscheliges warmes Bett!

Ein mutiger schwarzer Vogel mit glänzenden Federn, der wagte es, ganz dicht neben mir auf dem Boden zu landen, denn dort lag ein Büschelchen meiner weichen Winterwolle. Er dachte wohl: Ach, der Wolf wird schon nichts tun. Da hat er sich aber geirrt! Ich bin nun mal ein Wolf, und wenn ein Vogel geflattert kommt, dann ist er für mich Beute. Schnell wie ein Blitz habe ich zugepackt, und schon lebte er nicht mehr. Er hatte gar keine Zeit, zu piepen oder sich zu wehren. Es tat ihm auch nicht weh. Wir sind sehr gute Jäger, müsst ihr wissen. Wenn es möglich ist, jagen wir so, dass es uns am wenigsten Kraft kostet, denn wir wissen ja nie, wann es wieder was zu fressen gibt. Die Beutetiere zu erwischen, die zu euch Zweibeinern gehören, ist ziemlich einfach, ein Sprung über den Zaun, und schwupp, sind wir da. Aber da seid ihr dann böse mit uns. Dann müsst ihr eben eure Tiere besser beschützen!

Ein richtiges Abendessen war der Vogel nicht, aber ich habe allen gezeigt, dass ich genauso fix bin, wie ein Wolf sein muss. Mein Vater hat mich gelobt und Onkel Ymir hat so freundlich geguckt, wie er kann. Aruna hat mich geknuddelt und mein Bruder sagte: „Gut gemacht!“ Nur Arpak, die zischte wieder rum und meinte: „Pft, das kann ich schon lange.“ Egal – ich bin so stolz! Bis bald!

Mein Vater ist groß und stark

Hallo Zweibeiner,

da hab ich mich letztes Mal beschwert, dass ich nicht alleine mal losziehen durfte, und jetzt, jetzt soll ich das sogar! Die Erwachsenen sind wirklich manchmal nicht zu verstehen. „Geh und schau dich ruhig um, mein Sohn“, sagte mein Vater eines Abends. Er sagte nicht: „Mein Kleiner …“! Da war ich stolz. Er sagte, ich solle vorsichtig sein und aufpassen, dass ich keinem Zweibein begegne. Das ist ja nicht so einfach! Uuiii, mein Herz hat stolz gepocht, als ich los bin! Alles, was ich übers Anschleichen und Vorsichtig-Sein gelernt habe, konnte ich jetzt beweisen. Da, wo wir wohnen, meine Familie und ich, da ist nicht sehr viel Wald, und auch die großen Stängel, die überall wachsen, die sind jetzt im Winter weg. Überall sind eure großen Höhlen aus Stein zu sehen. Am Rand eines eurer harten Pfade, auf denen eure Blechkisten langdonnern, da zappelte und flatterte ein großer Vogel, der war verletzt und lebte noch. Den hab ich schnell gepackt und bin damit in die Büsche. War lecker. Meine eigene Beute!

Und überall war es so hell! Ich muss mal das Zweibein, das immer meine Aufsätze abholt und sie euch bringt, fragen. Warum macht ihr denn an euren Höhlen in der Nacht jetzt so viel Licht, wo ihr doch nachts gar nicht rausgeht? Ich versteh das nicht. Nachts muss es doch dunkel sein! Ich konnte gar nicht richtig gucken vor lauter Licht überall.

Das hab ich alles ganz aufgeregt meinem Vater erzählt. Da ist er mit seinem Bruder, also meinem Onkel Ymir, ein bisschen weggegangen und sie haben lange geredet. Am nächsten Tag kam mein Vater zu mir und sagte: „Mein Sohn, du wirst uns verlassen. Es wird Zeit, dass du deine eigene Familie findest. Hier ist nicht genug Platz für uns alle und es ist kein guter Ort für uns Wölfe.“ Er schleckte mir kurz übers Gesicht und sah mich wieder mit diesem Mama-Blick an. Da wurde mir ganz komisch, das brannte in meiner Kehle, als hätte ich Feuer verschluckt. Aber gefreut hab ich mich auch! Ich bin jetzt erwachsen! „Wo soll ich denn hin?,“ fragte ich ihn. „Wo ist es denn gut für Wölfe?“ „Du musst der Sonne des Mittags folgen, mein Sohn. Du musst Wälder finden. Du bist der Stärkste und Kräftigste von uns, du kannst für unser Fortbestehen sorgen. Ich bin zu alt.“

Das stimmt, ich bin so groß und stark! Ich war ja der einzige Welpe meiner Mutter und habe immer ganz viele dicke leckere Brocken von der Beute bekommen, so viele ich wollte.

Ja, ich wollte dann gleich losziehen, aber Vater hielt mich zurück und sagte: „Nein, warte, bis das große Gewitter vorbei ist." „Gewitter?", fragte ich. „Das weiß man doch gar nicht, wann eins kommt." „Doch", erwiderte er, „wenn die Zweibeiner es machen, das Gewitter, dann weiß man es."

Also, was ist das nun wieder? Das ist zu viel für meinen Kopf. Bis bald, Zweibeiner, ich schreibe euch dann von unterwegs.

Abschied von meiner Familie – seht ihr mich?

Hallo Zweibeiner,

da bin ich wieder. Eigentlich hab ich gar keine Zeit mehr, euch zu schreiben, jetzt, wo ich doch ganz alleine unterwegs bin! Also, ich sollte ja bis nach dem Gewitter warten mit meiner Wanderschaft. Jetzt kann ich es ruhig sagen, mein Vater kann es ja nicht hören – ich hab ihm das nicht geglaubt, das mit dem Gewitter! Aber dann! So viel Blitz und Donner! Könnt ihr das tatsächlich machen, Zweibeiner? Aber wozu? Erst hörte es überhaupt nicht wieder auf und wir mussten uns die Ohren zuhalten, iihhh, und es hat so gestunken!

Unser Wald ist ja nicht so groß, dass wir uns richtig tief verstecken können. Und dann kam gar nicht der schöne Regen, der nach einem Gewitter alles wiedergutmacht. Könnt ihr den denn nicht machen? Ich versteh das nicht. Na ja. Nach dieser Nacht guckten sie mich dann alle an. Mein Vater, mein Bruder, meine beiden Schwestern, mein Onkel. Vater sagte nur: „Mein Sohn, versuche nicht, ein Freund der Zweibeiner zu werden. Sie erlauben das nicht. Du bist kein Welpe mehr. Zügele deine Neugier. Geh nicht hin. Versuche nicht, freundlich zu sein. Geh nur auf Wolfswegen. Und nun geh. Du hast alles gelernt, was du wissen musst." Mein Bruder stupste mich, und meine liebe Schwester legte ihren Kopf schief und kam ganz nah und leckte mein Gesicht, und sogar Arpak kam und guckte mich freundlich an.

Dann bin ich gegangen. Nach ein paar Schritten hab ich mich umgedreht, aber sie waren nicht mehr da. Plötzlich fand ich unseren kleinen Wald doch ganz schön groß. Aber er hörte auch bald auf, der Wald. Ich wollte weit weg von dem stinkenden Gewitter, aber dazu musste ich über einen eurer harten Steinpfade. Und da ist es dann passiert. Ein paar von den Dingern, die ihr an eure kleinen Mäulchen haltet und dann läuft daraus Wasser in euch rein, die lagen auf dem Steinpfad, aber in ganz vielen kleinen Teilen. Und die taten meinen Pfoten so weh! Ich wusste ja nicht, dass es da so gefährlich war, und dann war es zu spät. So ein kleines Ding, viel schärfer als ein Stein, hat mich in die Pfote geritzt, und nun blutet es. Tut nicht doll weh, aber es ist doof. Meine Schwester Aruna würde das jetzt heile lecken. Soll ich sie rufen? Noch ist meine Familie in der Nähe … nein, das geht jetzt nicht … zurück kann ich nicht mehr.

Nun hocke ich wieder im Wald und lecke es selbst sauber. Lange kann ich mich nicht ausruhen … mein Magen knurrt! Und keiner bringt Beute, ich muss nachher jagen. Zweibeiner, wenn ihr doch bloß nicht ÜBERALL wärt! Und wenn einer von euch mich vielleicht mal sieht – psst! Dann sagt es nicht weiter, ja? Bis bald!

Ich liebe meinen großen Bruder Rando

Hallo Zweibeiner,

bestimmt fragt ihr mich jetzt, wie es meiner Pfote geht, oder? Ach, es geht ganz gut. Das spitze Ding ist rausgeblutet, und nun kann ich wieder normal laufen. Und ich bin schon sehr sehr weit gekommen! Wir Wölfe können viele, viele Schritte machen in einer Nacht. Ungefähr so viele, wie man braucht, um von Cuxhaven nach Stade zu kommen! Ja, doch wirklich, das schaffe ich in einer Nacht. Wir Jungwölfe laufen gerne nachts, wenn wir auf der Suche nach einem eigenen Revier sind, denn dann ist es nicht ganz so laut und es sind nicht so viele Zweibeiner unterwegs wie am hellen Tag. Tagsüber schlafe ich mich irgendwo aus, und wenn die Sonne schlafen geht, dann fange ich mir etwas zu fressen.

Daran muss ich mich noch gewöhnen. Es kommt nie jemand und wirft mir einen leckeren Brocken zu. Wisst ihr, wer mir jetzt am meisten fehlt? Mein Bruder. Von ihm habe ich wohl noch gar nichts erzählt, na so was! Wahrscheinlich, weil er so still und ruhig ist. Er heißt Rando. Es gibt auf der Welt keinen besseren Bruder als ihn! Man kann Rando fragen, was man will! Er weiß immer eine Antwort. Wenn ich früher irgendetwas schwierig fand, zum Beispiel nicht wusste, in welcher Richtung das beste Jagdrevier war, dann wusste er es aber ganz genau. Und Rando hat mir auch immer mal einen Extrahappen überlassen. Er ist ein ganz toller Beschützer, und er hat mir beigebracht, dass man nicht streiten soll. Es verbraucht nur Kraft. Er selbst hatte nur ein Mal Streit mit unserem Vater, weil er fand, er sei der Stärkere. Ich glaube, Rando ist jetzt wohl auch unterwegs. Aber wir können nicht zusammen gehen, denn jeder von uns braucht sein eigenes Revier.

Das ist ein Abenteuer, so alleine unterwegs zu sein! Den Weg kenne ich nur ungefähr. Aber mein Vater sagte mir ja, ich soll dahin gehen, wo die Sonne mittags scheint. Das befolge ich auch. Oft muss ich Umwege machen, weil so viele eurer harten Steinpfade im Weg sind, kreuz und quer. Und stellt euch vor, ich musste sogar schon durch einen Fluss schwimmen! Und ich bin Zweibeinern begegnet! Ja, einem großen und einem kleinen, einem Kind. Das kleine Zweibein war an der Hand seiner Mama, mit der anderen Hand hat es mir zugewunken. Das fand ich nett, aber ich dachte an alles, was ich gelernt habe, und bin schnell weggegangen.

Nun wird es kühl hier in meinem Versteck, die Sonne geht unter, und das Zweibein, das meine Briefe abholt, kommt gleich. Dann muss ich mir was zu fressen fangen. Wenn ich Glück habe, erzählen mir ein paar Raben, wo gute Beute ist, das sehen sie aus der Luft. Sie sagen uns Bescheid, wir fangen die Beute, und die Raben bekommen die Reste zu fressen. Ach, wenn doch mein Bruder bei mir wäre!

Nun bin ich ein erwachsener Wolf

Hallo, liebe Zweibeiner,

Kleiner Wolf verabschiedet sich heute von euch. Wir werden nun nichts mehr voneinander hören. Denn nun gehen wir alle unseren Weg, um erwachsen zu werden. Irgendwie sind wir ja auch ein wenig wie Geschwister, ihr auf zwei, ich auf vier Beinen. Aber wisst ihr was? So unterschiedlich sind unsere Wege gar nicht. Ihr geht in eure Schule … ihr werdet sehr viel lernen, und das ist gut so. Auch ich werde sehr viel lernen, und auch das ist gut so. Und auch, wenn ihr mit der Schule fertig seid und ich längst ein eigenes Rudel habe – das Leben selbst ist IMMER eine Schule, für Menschen und für Wölfe, und das ein ganzes Leben lang. Ihr werdet eine Familie gründen und ich auch, aber das Lernen hört nie auf. Immer wieder wird es etwas Neues zu verstehen und zu bedenken geben. Ihr werdet Kinder haben und ich Wolfswelpen, und auch sie werden wieder lernen und lernen und lernen. Bitte lasst uns alle so viel lernen, wie es nur geht, ja?

Ihr wisst nun schon sehr viel über Wölfe, darauf könnt ihr wirklich stolz sein! Und ich weiß, dass ihr mich in eure Herzen geschlossen habt. Da möchte ich bitte auch immer ein Plätzchen haben, ja? Bitte vergesst niemals: Wir sind nicht böse, wir Wölfe. Wir wollen euch nichts tun. Und bitte vergesst auch das nicht: Wir Wölfe, und alle anderen Tiere, wir können fühlen wie ihr. Wir können fröhlich sein und traurig. Wir können uns ärgern und sauer sein. Wir lieben unsere Kinder und sind traurig, wenn es unserer Familie nicht gut geht oder jemand stirbt. Wir fühlen Schmerzen wie ihr. Wenn ihr euch stoßt oder schneidet, tut es euch weh. Das ist bei uns auch so.

Meine lieben kleinen Zweibeiner, bitte fügt niemals absichtlich einem Tier Schmerzen zu, ja? Und bewahrt euch eure liebevollen, mitfühlenden Herzen. Sie sind das Allerbeste, was ihr habt. Ich bin immer bei euch. Auch wenn ich nun erwachsen bin. Kleiner Wolf ist jetzt ein großer Wolf – das bin ich! Ich hatte nur ein Jahr lang Zeit, erwachsen zu werden. Jetzt sorge ich für mich selbst. Ihr dürft viele Jahre lang Kinder sein. Freut euch darüber!

Und wenn ihr eine Frage an mich habt – dann schließt einfach die Augen und denkt an mich und fragt ganz still. Ihr werdet eine Antwort bekommen. Wie? Ihr werdet die Antwort in euren Herzen fühlen.

Lebt wohl.

Kleiner Wolf ist nun ein großer, starker und kluger Wolf. Vielleicht sieht er dann so ähnlich aus wie dieser. Und er wird eine hübsche Wölfin treffen, die mit ihm zusammen eine Familie gründen möchte. Sie werden einen guten Platz zum Leben finden. Vielleicht gibt es dort viel Wald, in dem sie ungestört und verborgen und in Sicherheit leben können und in dem sie auch die Zweibeiner nicht stören. Ein Flüsschen wird ihnen in der Nähe frisches Wasser schenken und es wird dort genügend Wild als Nahrung geben. Alles wird so sein, wie es für alle gut ist, und eines Tages wird es Nachwuchs geben, und dann erblickt der nächste kleine Wolf das Licht der Welt. Und eines Tages wird auch er aus seiner Babyhöhle krabbeln und die Abenteuer des Lebens erforschen ...